PAROISSE SAINT-LAURENT

SOUVENIR

OFFERT AUX

PÈLERINS

DE

NOTRE-DAME DE CHARTRES

LE 31 MAI 1859

PARIS
IMPRIMERIE BÉNARD ET Cie,
PLACE DU CAIRE, 2.

1859

Plusieurs personnes nous ont témoigné le désir d'avoir ce petit Discours, comme souvenir de leur Pèlerinage à Notre-Dame de Chartres; nous l'offrons à tous ceux qui nous ont accompagné, en les priant de l'agréer comme un témoignage de notre dévouement en Jésus et Marie.

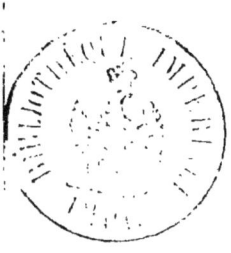

Alf. DUQUESNAY,

Curé de Saint-Laurent.

Nous ne demandons rien en retour de ce pieux souvenir; nous accepterons cependant avec reconnaissance ce qu'on voudra bien nous offrir pour la restauration de notre sanctuaire de Notre-Dame des Malades, à Saint-Laurent.

1859

31 MAI 1859.

PÈLERINAGE

A

NOTRE-DAME DE CHARTRES.

Monseigneur (1), Mes Frères,

Dieu est partout; cependant il y a des lieux où l'on se sent plus près de lui.

Parfois, c'est parce qu'il les a sanctifiés de sa présence manifeste et visible, comme sur le Sinaï, où il a fait en-

(1) Monseigneur REGNAULT, Évêque de Chartres.

tendre sa voix au milieu des tonnerres, et en passant comme une ombre, en silence, sous les yeux de Moïse; comme sur le Calvaire, où il a humecté la terre de son sang, au milieu des frémissements de la nature. C'est encore parce qu'il y a opéré quelque miracle éclatant, comme quand il a desséché le lit de la mer Rouge, en repoussant les eaux étonnées; ou bien parce qu'il en a fait une source permanente de ses grâces, comme à la piscine de Siloé, où chaque année les malades trouvaient la guérison.

D'autres fois, ces lieux sont spécialement saints parce que quelque ami de Dieu y a séjourné, embaumant son habitation des parfums de la vertu, laissant partout la trace de l'héroïsme, attirant, même après lui, par son souvenir et ses vertus, là et point ailleurs, l'abondance des grâces divines, comme une pluie du Ciel sur un sol béni.

D'autres fois enfin, le respect religieux s'attache à de tels lieux, parce que les générations s'y sont successivement assemblées pour prier, et que Dieu y a plus particulièrement abaissé ses regards sur elles. Là, pour les peuples, ces lieux ont été comme des foyers de famille où ils ont élevé leurs autels communs, où ils ont dressé leurs tabernacles les plus aimés, où ils sont venus à chaque calamité immoler leurs victimes, à chaque victoire suspendre leurs trophées.

Il est bon, Mes Frères, et il est beau de voir les hommes quitter de temps en temps le secret de leurs maisons, s'arracher de temps en temps au tracas journalier des affaires; abandonner même, pour un jour, le temple de leur cité pour accourir, à travers les distances, dans ces lieux sacrés où l'on sent plus vivement la présence de la Majesté Divine, où l'on s'abrite sous le souvenir de quelque grande vertu, comme sous une égide, où l'on pleure et on prie, là où des multitudes ont versé des larmes et des prières.

L'Église Catholique, qui comprend toutes les grandes pensées, avait compris celle-là. Aussi dans tous les temps a-t-elle encouragé les pèlerinages.

En France, parmi nous, dans un siècle étranger à tout ce qui vient du cœur, les pèlerinages furent moins appréciés. Grâce à Dieu, aujourd'hui que les pensées du cœur, c'est-à-dire les grandes pensées, se réveillent de toutes parts, les pèlerinages sont remis en honneur.

Ah ! j'aime à voir ces multitudes qui reprennent la route des vieux sanctuaires ; non plus cheminant des mois entiers dans des sentiers pénibles que leurs devanciers attendrissaient du spectacle de leurs souffrances, — sombre poésie d'un temps de barbarie, — mais emportées par le feu à travers les campagnes ou à travers les ondes avec la rapidité de l'éclair, et montrant, par la Croix arborée au sommet d'un bateau à vapeur ou d'une locomotive, l'alliance de la Foi et du Génie, — merveilleuse poésie de nos jours de civilisation !

Honneur à ces grandes manifestations de la religion du cœur ! Ils sont beaux ces pèlerinages qui mènent au tombeau du Sauveur les âmes fatiguées du monde et de son scepticisme, ou bien les âmes innocentes avides de dévouement ! Ils sont beaux ces pèlerinages qui vont acclamer l'image de la Mère des miséricordes dressée au sommet des dunes, en face de cette Angleterre troublée de son apostasie comme d'un remords !... Ils sont beaux ces pèlerinages qui vont implorer pour nos armées Notre-Dame de la Garde, au sommet du cap d'où s'aperçoit l'Italie. *Italiam, Italiam, longo clamore salutant !*

Ah ! il est beau aussi, Mes Frères, le pèlerinage que vous accomplissez ici en ce moment ; beau par la sainteté du sanctuaire que vous visitez, beau par la pensée qui vous y amène.

Tous les titres qui peuvent rendre

un lieu vénérable et sacré sont réunis ici. Ici, Dieu fait sentir sa présence par une suite incomparable de miracles. Ici, le nom sous lequel on s'abrite est celui de la Reine des Saints, de l'auguste Marie. Ici, se rattachent les plus vieux souvenirs de nos pères. Avant l'établissement du Christianisme, alors que ce sol était encore couvert des forêts primitives et que, sous leurs voûtes, les druides exerçaient leur sombre culte, par je ne sais quel pressentiment d'une religion plus pure et plus douce, vos aïeux avaient dressé à cette même place un autel à la Vierge qui devait devenir mère, *Virgini pariturœ*. Ici, soixante générations françaises ont passé, venant demander du soulagement pour toutes les douleurs privées, venant implorer du secours pour tous les malheurs de la patrie, chantant la louange pour tous ses triomphes. Ici, les peuples des contrées lointaines ont envoyé leurs députations suppliantes. Ici, les rois étrangers sont venus, priant pour leurs royaumes, humiliant leurs diadèmes dans la poussière. Ici, les souverains Pontifes ont fait implorer Marie lorsque les orages du siècle menaçaient l'Église.

Ah! où aurions-nous pu aller avec plus de confiance, Mes Frères, dans la grande pensée qui nous est montée au cœur?

Vous venez aux pieds du Tout-Puissant, du Dieu des armées, du souverain arbitre des destinées de tous, individus et familles, rois et peuples; de celui qui mène du doigt l'homme agité. Vous venez le chercher là où vous vous sentez plus près de son oreille et de son cœur, là où sa main s'ouvre plus volontiers pour la miséricorde et la paix. Mes Frères, vous êtes bien ici !

Vous venez chercher l'intercession la plus puissante, le front virginal le plus pur, le sein maternel le plus tendre ; vous venez vous presser sous les ailes de Marie. Mes Frères, vous êtes bien ici !

Ici, pères, frères, enfants, filles, sœurs, mères, vous venez crier pitié pour les chers objets de votre amour, que le canon des batailles s'apprête à labourer. Le sang va couler, que dis-je ? il a coulé, il coule en ce moment même, et ce sang, c'est le vôtre ; c'est plus que cela, c'est un sang que vous étancheriez volontiers au prix de votre sang même. Vous venez demander que l'horrible massacre s'arrête, à la Mère qui, debout au pied de la Croix, le cœur percé de sept glaives de douleur, a vu couler le sang de son fils; vous venez implorer la Mère de pitié et le fils crucifié! Mes frères, oui, vous êtes bien ici !

Vous venez aussi demander que si le sang coule, ce soit pour la gloire de la patrie, car vous êtes Français. Vous venez demander que, si vous immolez vos enfants, la France au moins accomplisse sa mission de soldat de Dieu ; que le monde voie les desseins de Dieu accomplis par son bras, *gesta Dei per Francos* ; qu'elle relève et maintienne la justice, qu'elle venge les griefs des peuples sans oublier les droits de l'humanité, et que la victoire accompagne partout le vol de ses aigles victorieuses.

Vous venez demander enfin que si le sang coule, ce soit pour le maintien de l'Église, non moins que pour la résurrection des nationalités, car vous êtes catholiques. Vous venez demander que le Pape n'ait jamais qu'à bénir l'épée victorieuse de l'Empereur et que l'éclat du trône pontifical, gloire d'un Charlemagne, soit aussi la gloire d'un Napoléon.

Demandez, demandez avec confiance, tous ces vœux sont légitimes. Demandez pour l'Église, pour la patrie, pour les chers objets de votre tendresse; demandez pour qui que ce soit. Demandez pour vous-mêmes, dans n'importe quelle intention, Dieu est assez riche en miséricorde, et Marie assez puissante auprès de lui pour contenter tous les vœux.

O Reine! ô Vierge! ô Mère! tous ces chrétiens sont à vos pieds. C'est en vous qu'ils ont mis toutes leurs espérances. Ce qu'ils ne sont pas dignes d'obtenir de Dieu, ô pleine de grâces, vous l'obtiendrez.

Nul ne sortira d'ici sans avoir été exaucé.

Car, souvenez-vous, ô très-pieuse Vierge Marie, que c'est surtout ici qu'on n'a jamais entendu dire qu'aucun de ceux qui ont eu recours à votre protection, imploré votre assistance et demandé votre intercession, ait été abandonné. Animés d'une pareille confiance, ô Vierge des Vierges et notre Mère! nous accourons à vous, tristes pécheurs ; nous nous prosternons à vos pieds, ô Mère de Jésus ! Ne méprisez pas nos prières, mais écoutez-les favorablement, lorsqu'elles montent vers vous pour la gloire de Dieu et pour le repos de l'Église, pour la France et pour nos familles, pour notre paix sur la terre et pour notre bonheur dans le ciel !

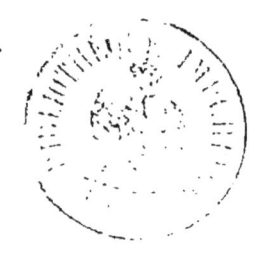

Nous croyons devoir réunir ici les extraits des journaux qui ont parlé du Pèlerinage à Notre-Dame de Chartres

A M. le Rédacteur de la *Semaine religieuse.*

Monsieur le Rédacteur,

Je ne veux pas laisser à demain le plaisir de vous envoyer quelques lignes sur la grande démonstration religieuse que vient de faire, aujourd'hui 31 mai, la Paroisse Saint-Laurent, à laquelle s'étaient jointes de nombreuses députations de Saint-Jacques du Haut-Pas, de la Villette et de plusieurs autres paroisses de Paris.

Saint-Laurent est, depuis longtemps, une des Paroisses de la Capitale où les inspirations de la religion trouvent le plus d'écho. L'an dernier, M. le Curé Duquesnay, avait organisé un pèlerinage à Notre-Dame de Boulogne-sur-Mer ; et vers le milieu du mois d'août la vapeur emportait à tire-d'aile plus de six cents pèlerins vers ce sanctuaire vénéré, du haut duquel Marie jette un œil de convoitise sur cette infidèle Angleterre qui avait autrefois des saints là où elle n'a plus que des marchands. Chacun de nous sait les vives émotions qu'on rapporta de ce pèlerinage qui mit trois jours de plus dans les beaux jours de notre vie.

La piété, comme le monde, aime à varier ses plaisirs ; et, contrairement au monde, elle le peut sans remords. M. Duquesnay a deviné ce besoin. Il l'a prévenu peut-être. Ce n'est plus vers Notre-Dame de Boulogne qu'il a voulu, cette année, tourner le cœur et les pas de ses enfants; il a songé au sanctuaire dans lequel presque tous les rois de France, depuis saint Louis jusqu'à Louis XIV, sont venus s'agenouiller, Notre-Dame de Chartres. Plusieurs siècles avant le Christianisme, les druides vénéraient, au fond de leur grotte mystérieuse, une statue représentant une femme avec un enfant sur ses genoux. Sur le piédestal de la statue on lisait : *A la Vierge qui doit enfanter.* Quand l'Évangile fut prêché dans les Gaules, les Chrétiens, frappés de cette parole prophétique, bâtirent une église sur la grotte même qui est aujourd'hui le centre de la crypte, et cette église fut consacrée à Marie. Plusieurs fois détruite par l'incendie, elle a toujours trouvé de saints pasteurs et de généreux fidèles pour la reconstruire avec plus de magnificence. C'est maintenant un des plus beaux sanctuaires que la Sainte Vierge ait chez nous.

L'idée de rejoindre, par un pèlerinage, les anneaux qui unissaient autrefois Paris à Chartres, fut jetée, du haut de la chaire de Saint-Laurent, dès les premiers jours du mois de Marie, dans un de ces épanchements d'âme qui trouvent toujours des âmes pour les recevoir et les garder. Elle fut accueillie avec enthousiasme. Elle s'est réalisée aujourd'hui avec un élan qui ressuscite les meilleurs âges de la foi. Ce matin, vers six heures, deux convois emportaient à grande vitesse 1,600 pèlerins. Ils laissaient derrière eux plus de 300 personnes qui n'avaient pu trouver place, à cause des règlements, trop cruels cette fois, de l'Administration. Elle aurait dû prendre en pitié leurs regrets et leurs larmes!... Nous n'en sommes pas moins partis par un soleil tel qu'il le faut pour de semblables fêtes, et la nature entière semblait, à notre passage, être plus prodigue que jamais de verdure et de parfums. Il est vrai que nous lui jetions les notes sacrées de nos chants et que des centaines de voix célébraient Celle que l'Église ne craint pas plus d'appeler une *Rose mystérieuse* que le *Secours des Chrétiens*. Au départ c'était le *magnificat;* plus loin, de pieux cantiques; enfin, quand nous avons été en vue de la vieille cité l'*Ave, Maris, stella.*

Ce n'est point sans une douce émotion que nous avons vu flotter, sur la plus haute flèche de l'antique cathédrale, une gigantesque oriflamme aux couleurs de Marie. Nous devinions déjà l'accueil qui attendait les pèlerins. A peine, en effet, avons-nous quitté nos wagons transformés depuis trois heures en oratoires, que nous sommes salués par les joyeuses volées des cloches qui, depuis des siècles, n'avaient plus parlé pour des fêtes semblables. De brillantes fanfares en ont doublé la puissante harmonie, lorsque les bannières se sont déployées pour recevoir sous leurs plis les 1,600 pèlerins, au rang desquels on voyait plus de cinquante prêtres.

Nous nous sommes dirigés vers la cathédrale, à travers les flots d'une population heureuse et fière de nous recevoir. Le clergé était venu au-devant de nous. A sa suite, nous avons pénétré dans la basilique. L'autel était resplendissant de lumières. Au milieu du sanctuaire, derrière une grille d'or, entre des fleurs, sur un haut piédestal, apparaissait un riche reliquaire; il contient un vêtement de lin qui a appartenu à la Sainte Vierge. Cette tunique avait été donnée par Charles le Chauve, qui la tenait de Charlemagne, lequel l'avait reçue des empereurs de Constantinople.

La procession s'est déroulée autour des vastes nefs, pendant que l'orgue envoyait sous les arceaux cette strophe si bien en harmonie avec la circonstance :

    Triomphez, reine des cieux !
    Qu'à vous louer tout s'empresse, etc.

La Messe a été célébrée par Mgr l'Évêque de Chartres, qui avait bien voulu, pour cette fête, interrompre le cours de ses visites pastorales. La population admirait avec une certaine surprise, croyons-nous, le recueillement universel. «Est-il vrai, se dit-on parfois en province, qu'il puisse venir de la grande Capitale une solennelle manifestation de foi? Paris est-il sérieux quand on le sort de ses révolutions ou de ses plaisirs?» Chartres sait qu'en penser aujourd'hui, après avoir eu sous les yeux 1,600 chrétiens dociles comme des enfants à la voix de quelques prêtres, recueillis comme des anges, priant avec toute leur âme pour l'Église et pour la France : pour l'Église, afin que les secousses imprimées à l'Europe ne fassent qu'affermir le trône pontifical; pour la France, afin que la victoire suive toujours ses aigles et que ses triomphes nous conduisent au plus tôt à la paix ! C'est ce double but du pèlerinage que M. Duquesnay a rappelé du haut de la chaire, dans une allocution que nous serions bien aise de voir imprimée; ce serait un doux mémorial de la fête pour chaque pèlerin.

Ces éloquentes paroles avaient remué toutes les âmes des habitants de Chartres; la communion générale a dû ajouter aux émotions. Qui le croirait? plus de 1,200 pèlerins n'ont pas redouté les conséquences d'un voyage matinal fait à jeun; ils ont tenu à communier dans le sanctuaire vénéré, et on les a vus aller à la sainte table et en revenir avec un ordre qui ne pouvait être égalé que par leur ferveur. Le Pontife les a félicités de tout avec des paroles qui ne seront point oubliées, et sa paternelle bénédiction est tombée sur eux, moins de sa bouche que de son cœur.

Tout avait été admirablement prévu par le vénérable Curé de la cathédrale et par M. l'abbé Germond, maître des cérémonies, pour assurer aux pèlerins une fraternelle hospitalité. Le Grand Séminaire a ouvert son vaste réfectoire à ceux des hommes que ne lui avaient pas enlevés MM. les membres de la Société de Saint-Vincent de Paul, heureux de faire asseoir à leur table leurs confrères de Paris. Les Sœurs de Saint-Paul avaient préparé, pour les femmes, une vaste salle, délicieusement ornée d'oriflammes et de fleurs. Ces agapes se sont terminées par une douce surprise : M. l'abbé Legendre, que l'on connaît si intelligemment dévoué au culte de

Notre-Dame de Chartres, a distribué à tous une médaille commémorative qui porte sur l'exergue :

SOUVENIR

DU PÈLERINAGE DE LA PAROISSE SAINT-LAURENT DE PARIS
A NOTRE-DAME DE CHARTRES
31 MAI 1859

Précieux souvenir; inutile toutefois! La fête était pour toujours gravée dans les cœurs.

Pendant les quelques heures qui ont précédé le départ, les pèlerins ont visité la vaste cathédrale, désolés de ne pouvoir admirer à loisir ces inimitables dentelures de la pierre, ces touchantes Vies de Notre-Seigneur et de la Sainte Vierge, rendues vivantes par un ciseau vraiment inspiré ; ces magnifiques verrières, tout ce luxe d'ornementation qui fait un chef-d'œuvre de Notre-Dame de Chartres. On s'est pieusement agenouillé dans l'église souterraine, presque entièrement restaurée aujourd'hui, et l'on n'est pas remonté sans prier, pour sa famille et pour soi, Celle qui a été honorée là plusieurs siècles avant que la terre l'eût reçue du ciel.

Il fallait pourtant partir; mais non pas avant que M. le Curé de Saint-Laurent eût rempli deux bien douces obligations : remercier la cité de son bienveillant accueil, puis consacrer à Marie un cœur d'or qui symbolisait le cœur de tous. Avec lui et par lui, sous l'impression de sa parole attendrie, chacun s'est mis dans ce cœur qui ne demande pas mieux que de prendre tous les nôtres pour les protéger, les consoler ou les guérir.

A ces paroles de consécration, Monseigneur l'Évêque de Chartres a voulu ajouter la grâce suave des siennes, puis une seconde bénédiction.

Une demi-heure après, nous quittions à regret la cité hospitalière; elle nous voyait aussi partir à regret. Nous l'avons senti et nous l'avons vu. Les mouchoirs s'agitaient au passage de la locomotive; on nous saluait de la main; ici, du milieu d'une prairie, un pensionnat de jeunes filles nous jetait des fleurs; plus loin encore, les séminaristes nous envoyaient leur dernier salut. Nous, devant ces manifestations sympathiques, nous ne disions pas *adieu;* nous disions, *au revoir !*

Vous pardonnerez ces pages écrites, sans que je puisse les relire, au grand courant de la plume, entre une arrivée tardive et la clôture du Mois de Marie, qui réunira dans Saint-Laurent presque tous les pèlerins ! Mais puis-je finir sans vous livrer, avec leur simplicité naïve, quelques-uns des traits si touchants dont le pèlerinage a été l'occasion ?... Une femme, empêchée par des exigences peut-être un peu trop sévères d'intérieur, d'aller à Chartres avec ses deux filles, est venue offrir le prix des trois billets, afin qu'on y envoyât trois orphelines pour remplacer la mère et les enfants. — Un homme, s'avouant trop novice dans les choses pratiques de la piété, a demandé qu'on lui adjoignît quelqu'un qui lui prêterait, en échange du prix de voyage, un cœur et des lèvres pour mieux prier. — Une pauvre femme s'est privée de son déjeuner pendant plusieurs semaines, afin de faire, centime par centime, la petite somme exigée — Il y a quelques jours, une domestique vint demander un billet de pèlerinage, et après en avoir payé le prix, elle offrit à l'ecclésiastique une pièce d'un franc. « Monsieur, dit-elle, voilà pour les pauvres... » Le prêtre s'étonna de cette générosité. « Monsieur, reprit-elle, cette aumône a un but, celui d'obtenir que ma maîtresse ne me retire pas la permission, que je viens de lui arracher, d'aller au pèlerinage. » Le prêtre admira en silence cette robuste foi ; mais la veille du départ il reçut le billet suivant : « Monsieur, j'ai été exaucée, et bien au delà de mes espérances ! Non-seulement ma maîtresse ne m'a point retiré l'autorisation d'aller à Chartres, mais elle y vient elle-même. Elle fait plus : depuis vingt ans elle ne s'est pas approchée des Sacrements, et voilà que, subitement changée, elle demande un confesseur, car demain elle veut communier. Monsieur, vous êtes le confesseur que je lui ai choisi. » Hier, en effet, le prêtre recevait la confession de la dame, et, ce matin, elle communiait à Chartres !...

Ce n'est pas le seul miracle de conversion qu'ait opéré le pèlerinage ; mais il est temps de terminer une narration que j'aurais dû vous engager à lire dans le cœur du moindre d'entre les pèlerins. Quel qu'il fût, en vous peignant ses joies, il vous aurait parlé des bénédictions déjà tombées sur sa famille et sur lui.

Profit et bonheur, voilà les fêtes de la religion.

Veuillez agréer, etc.

UN PÈLERIN

Pèlerinage de la paroisse Saint-Laurent de Paris à Notre-Dame de Chartres.

Après un siècle d'indifférence et d'oubli, le vénérable sanctuaire de Notre-Dame de Chartres va enfin reconquérir son ancienne gloire ; le peuple catholique va renouer la chaine interrompue des grands pèlerinages et surpasser même, dans l'élan spontané de ses manifestations religieuses, la dévotion si renommée de nos pères. Déjà plusieurs pèlerinages célèbres sont venus inaugurer dans notre vieille basilique cette ère renaissante de ses gloires passées et tracer à d'autres le chemin du plus antique sanctuaire de Marie. Les prêtres de Château-Gonthier, le collége de Vaugirard, une école préparatoire de Paris, la société de Saint-Vincent de Paul du Mans ont précédé la paroisse de Saint-Laurent à Notre-Dame de Chartres. Mais ces pèlerinages n'étaient que de timides essais en comparaison de celui qui vient de nous offrir un spectacle si imposant. Décrire l'émotion qu'il a produite serait impossible : les impressions ne s'écrivent pas. Nous nous bornerons simplement à raconter l'événement du 31 mai, qui sera enregistré dans les annales de notre église au rang des faits remarquables de son histoire, comme il restera gravé dans notre souvenir.

Longtemps avant l'arrivée des voyageurs, la ville de Chartres était sortie de son calme habituel ; le pèlerinage du jour préoccupait tous les esprits, et une foule empressée circulait aux abords de l'embarcadère.

A 9 heures, le clergé de Notre-Dame s'était rendu processionnellement jusqu'à l'enceinte de la gare pour faire aux pèlerins une réception solennelle. Bientôt les fanfares de la musique des Frères annoncent l'arrivée du premier convoi. 800 personnes mettent pied à terre ; M. le curé de Saint-Laurent s'avance à leur tête et les range dans un ordre parfait, avec l'entrain qui le caractérise, pendant que le convoi qui suit franchit avec rapidité la distance qui le sépare encore de la ville. A 9 heures 20 minutes, il entre en gare, et les 800 personnes qu'il contient se réunissent aux 800 premières pour former un total dont le chiffre est plus éloquent que les plus belles phrases et nous dispense des commentaires poétiques.

Alors le peuple chartrain, le clergé et les fidèles se mêlent à cette nombreuse assemblée de pèlerins, et une longue procession de 2,000 catholiques se met en marche avec lenteur, malgré l'activité des organisateurs de la cérémonie. Le bourdon de Notre-Dame salue de sa voix grave et sonore nos frères de la capitale ; l'étendard de la Vierge flotte au sommet du grand clocher, et une couronne de drapeaux paraît ceindre le front de la tour dentelée ; les chants sacrés se mêlent aux refrains de la musique. C'est là un beau spectacle ! Mais regardons défiler cette procession édifiante.

Plusieurs pensions ouvrent la marche, suivies des demoiselles de la confrérie de Notre-Dame, des élèves du Petit Séminaire de Saint-Chéron et des jeunes musiciens des écoles chrétiennes.

Nous voyons s'avancer ensuite les pèlerins de la paroisse Saint-Laurent, auxquels s'étaient jointes des personnes de beaucoup d'autres paroisses. Les officiers d'église en grande tenue, les riches bannières, les uniformes des confréries donnaient à cette longue file de pèlerins un air solennel et imposant.

On y remarquait les enfants de Marie et de Saint-Joseph, les associés du Saint-Rosaire, la confrérie du Saint-Sacrement, dont la bannière était portée par des hommes. Un des pèlerins tenait sur un coussin un gros cœur en or contenant trois mille noms, et dont les pèlerins ont fait hommage à Notre-Dame de Chartres.

Soixante prêtres de la capitale et des églises voisines faisaient partie du pieux cortége. On distinguait dans leurs rangs le vénérable curé de Saint-Jacques du Haut-Pas et plusieurs chanoines honoraires.

Tous ces prêtres en habit de chœur se réunirent au clergé de Chartres, dont les curés des environs avaient grossi le nombre, et aux élèves du Grand Séminaire. Le chapitre de la cathédrale, qui venait de terminer la procession des Rogations, fermait la marche avec les membres les plus dignes du clergé de Paris.

Cette procession, dont la tête entrait dans la cathédrale bien avant que la dernière partie se fût ébranlée, défila lentement pendant une heure entre deux haies de spectateurs. Et quand ces deux files interminables se furent repliées dans la vaste nef de Notre-Dame, après un avis de M. Duquesnay, Mgr l'Évêque de Chartres commença la célébration de la sainte messe.

Après l'Évangile, le zélé pasteur de l'église Saint-Laurent monta en chaire et adressa à ses fidèles une allocution chaleureuse, où il porta au plus haut dégré l'éloquence du cœur et la sublimité des pensées. Mais le temps nous manque pour en faire même un résumé succinct. Disons seulement qu'après avoir fait ressortir l'antiquité du sanctuaire chartrain et la vénération que lui ont acquise les âges précédents, l'orateur a vivement ému son auditoire en lui rappelant le but religieux du pèlerinage, qui était d'attirer les bénédictions du Ciel sur la France et sur ses enfants qui exposent leur vie au milieu des périls de la guerre.

Mais le spectacle le plus édifiant et le plus solennel de cette cérémonie, ce fut celui de la communion des pèlerins. Près de douze cents voyageurs et quelques habitants de Chartres, des hommes, des femmes et des jeunes gens reçurent l'Eucharistie de la main de Mgr de Chartres et de deux prêtres de Paris, qui le secondèrent dans cette fonction sacrée.

L'office terminé, Sa Grandeur honora l'assemblée d'une courte allocution. Son cœur et sa voix étaient vivement impressionnés, et il communiqua facilement à ses auditeurs son émotion sympathique.

Dans l'intervalle trop court qui sépara le repas des pèlerins de l'heure du départ, ils se répandirent dans l'église souterraine, vénérèrent la nouvelle image druidique et s'émurent de compassion à la vue des traces de profanation et de ruine qui défigurent encore notre crypte célèbre et que la générosité française effacera bientôt, nous l'espérons.

A deux heures, la foule des voyageurs et le peuple chartrain, qui ne se quittaient plus depuis l'arrivée, et semblaient n'avoir qu'un cœur et qu'une âme, remplissaient les nefs de la cathédrale pour la cérémonie d'adieu au vénéré sanctuaire. Mais l'heure du départ devant être avancée, M. l'abbé Duquesnay, qu'on se félicitait d'entendre encore, se vit obligé de n'adresser que quelques paroles. Il montra le cœur qui devait être offert à la Vierge couronnée, le pressa dans ses mains comme il eût pressé, en l'offrant à Notre-Dame, celui qui battait violemment dans sa poitrine et celui de tous ses enfants. Après cette consécration unanime de sa paroisse, des soldats d'Italie, de toute la France à la Madone chartraine, on se rendit à l'embarcadère, dont la place fut de nouveau inondée de monde.

Bientôt les deux convois se succédèrent sur la ligne de Paris, et, avant que la vapeur les eût entraînés loin de nos murs, toutes les cloches envoyaient aux pèlerins leur majestueuse harmonie, et, du haut des promenades qui dominent le chemin de fer, les Chartrains répondaient aux signes d'adieu qui se manifestaient à toutes les portières des wagons.

Religieux pèlerins, l'Église de Chartres vous remercie, car vous avez renouvelé, au milieu de nous, les beaux spectacles des siècles catholiques, et en venant chercher des bénédictions aux pieds de notre commune patronne, vous en attirez sur nous et sur la France entière. *(Messager de la Beauce et du Perche.)*

Pèlerinage de la paroisse Saint-Laurent de Paris à Notre-Dame de Chartres.

Notre-Dame de Chartres a reçu mardi dernier un hommage digne d'Elle, et notre antique basilique a vu reluire un de ses plus beaux jours d'autrefois. Seize cents pèlerins (ils eussent été deux mille si les locomotives avaient pu s'élargir ou se multiplier) arrivaient à neuf heures du matin, sous la conduite de M. le curé de Saint-Laurent de Paris, et étaient accueillis à la gare, d'abord par le clergé de la paroisse de la Cathédrale, puis bientôt par le Chapitre et par les Séminaires à la tête desquels se trouvaient MM. les vicaires généraux. Sur-le-champ, et sans le moindre tumulte, grâce à l'activité de M. l'abbé Duquesnay et à l'intelligente coopération du maître des cérémonies de la Cathédrale, M. l'abbé Germond, la procession se forme avec un ordre admirable et se dirige vers la Cathédrale, au milieu des chants joyeux, des chœurs de cantiques et des fanfares d'une musique improvisée par les bons jeunes gens de l'école de Saint-Ferdinand. La population chartraine inonde les rues et donne à cette démonstration religieuse les signes les moins équivoques de sympathie. On sait que nos frères de Paris viennent implorer la protection de la Reine du Ciel en faveur de nos soldats exposés en ce moment même aux hasards des batailles. Qui donc n'applaudirait à une piété si touchante et si française ? On a franchi le seuil du magnifique temple que nos ancêtres consacrèrent à Marie; on s'est agenouillé sous ses voûtes immenses dans un sentiment indéfinissable d'admiration et de respect; pères, mères, frères, sœurs, amis de nos guerriers d'Italie prient avec effusion, tandis que l'Évêque en personne célèbre la messe à un autel splendidement orné de fleurs, de vases, de lumières, de drapeaux aux couleurs de la Vierge. Tout à coup on voit apparaître dans la chaire un prêtre au maintien grave et recueilli, jeune encore, mais déjà courbé et blanchi par les travaux du saint ministère. Sa voix mâle et presque sévère, son ton énergique et dominateur commandent dès les premiers mots un silence universel. Oh! les éloquents accents qui sortent de cette poitrine vibrante! quel langage noble, animé, entraînant, plein d'images, dont le cœur est vivement ému, et dont le goût reste pleinement satisfait! M. le curé de Saint-Laurent nous a dit pourquoi les pèlerinages en général et pourquoi en particulier le pèlerinage que l'on faisait actuellement à Notre-Dame de Chartres; et ce thème si simple a pris dans sa bouche un intérêt, des grâces, des couleurs dont il serait difficile de se faire une idée, sans avoir entendu l'orateur lui-même. Les Chartrains lui doivent une spéciale reconnaissance pour la manière dont il a parlé de leur sanctuaire et d'eux-mêmes; et cette reconnaissance, nous le prions d'en agréer le très-sincère tribut. Quand, avec une sensibilité vraie, naturelle, émouvante, il exhorta ses fidèles paroissiens à recommander à Marie le sort de tant d'êtres si chers qu'un trépas soudain pouvait, hélas! atteindre, tous les cœurs se gonflèrent, et des larmes abondantes coulèrent de tous les yeux. Faut-il s'en étonner? Il y avait des pleurs dans la voix du Prédicateur, et il pratiquait trop bien le précepte d'Horace pour ne pas faire pleurer son auditoire. Sept à huit cents personnes au moins ont reçu la Communion, soit de la main de Monseigneur l'évêque, soit de celle de MM. l'archiprêtre de la cathédrale et le curé de Saint-Denis du Saint-Sacrement qui, avec M. le curé de Saint-Jacques du Haut-Pas, s'était associé au zèle de son collègue de Saint-Laurent. Qui dira la ferveur de tous ces communiants? Elle a frappé d'admiration quiconque en a été témoin. Certes, ce pèlerinage n'était pas une vaine partie de plaisir. C'était un acte pieux dans toute la force du terme, et l'édification qu'il a produite a été grande et restera durable dans le cœur des paroissiens de Notre-Dame de Chartres. Monseigneur l'évêque, qu'un tel spectacle avait vivement touché, a adressé à cette foule courbée sous sa bénédiction quelques mots bien sentis, et dont les pèlerins ont paru lui savoir un grand gré. La plupart des pèlerins avaient fait le voyage à jeun; il était midi quand la cérémonie fut terminée, et ils avaient un pressant besoin de prendre leur repas. La prévoyance infatigable et industrieuse d'un jeune prêtre, dont le dévouement, en ces sortes de rencontres, est au-dessus de tout éloge, avait pourvu à cette nécessité matérielle. Par ses soins, des tables avaient été dressées et convenablement servies, pour les dames, dans la communauté de Saint-Paul, et, pour les hommes, au Grand Séminaire. Dans l'une et l'autre de ces saintes maisons, on avait mis gracieusement à sa disposition de vastes réfectoires, décorés préalablement de guirlandes, d'oriflammes et d'inscriptions analogues à la circonstance. Là, vous eussiez cru assister aux fraternelles agapes des premiers chrétiens, et vous eussiez contemplé avec bonheur tous ces visages épanouis par cette douce joie que la sérénité de la conscience sait seule communiquer.

Une surprise agréable avait été ménagée aux convives. Avant qu'ils quittassent la salle du festin, on distribua à tous sans distinction, et gratuitement, une médaille frappée exprès à l'occasion de ce pèlerinage. Cœurs bien nés, ils exprimèrent par une explosion de remerciments, la reconnaissance que leur inspirait une attention si délicate due, je ne puis m'empêcher de le dire, à ce même vicaire de la Cathédrale qui s'était occupé si activement des autres détails de la fête.

Les membres de la conférence de Saint-Vincent de Paul, et à leur tête leur président qui s'était empressé de donner l'exemple, avaient reçu à leur table leurs confrères de Paris. Plusieurs familles, qui se distinguent par leur bienveillance hospitalière, avaient aussi réclamé l'honneur de donner à déjeuner à un certain nombre de pèlerins.

A deux heures on était de nouveau réuni dans le temple de Marie et l'on éprouva un sentiment non médiocre de plaisir, quand M. l'abbé Duquesnay, reprenant le chemin de la chaire, s'apprêta une seconde fois à épancher devant nous son âme de pasteur. Il tenait entre ses mains un cœur en vermeil, symbole de tous ces cœurs de pèlerins, et il l'offrait en leur nom à l'auguste Vierge de Chartres. Les prières les plus tendres les hommages les plus respectueux, les sentiments les plus ardents débordèrent de ses lèvres. Ah! il a dû remuer puissamment le cœur compatissant de Celle qu'on n'implora jamais en vain, et plus d'un soldat français devra son salut, ou spirituel, ou même temporel, à ces vœux enflammés qu'un tel serviteur de Marie a fait monter vers son trône.

Mais le moment toujours pénible de la séparation était venu ; une dernière bénédiction de Monseigneur congédia l'assemblée, qui, tout entière, pèlerins et Chartrains, se précipita vers la gare. On était resté ensemble seulement pendant quelques heures rapides, et encore ces heures s'étaient écoulées presque uniquement au pied des saints autels. On s'aimait néanmoins déjà si fortement, qu'on ne se quittait qu'avec les regrets les plus sensibles et les plus amers. Pour se consoler, en se disant adieu, on se disait aussi au revoir! Oui, au revoir! Nous espérons bien que les paroissiens de Saint-Laurent de Paris n'oublieront ni notre cordial accueil, ni les délices qu'ils ont goûtées dans le sanctuaire de la Vierge de Chartres, et qu'ils seront tentés de revenir se procurer encore parmi nous de si pures et de si fructueuses jouissances. Je dis fructueuses, car ils emportent des grâces dont ils reconnaîtront les effets. Notre-Dame de Chartres a du crédit au ciel, on s'en aperçoit toujours, quand on est venu se prosterner devant sa statue miraculeuse. Lorsque les wagons emportèrent enfin nos amis de Paris, des cris prolongés se firent entendre de leur côté et du nôtre; les mouchoirs blancs ne cessèrent de s'agiter tant qu'on put les suivre des yeux; on semblait répéter encore de loin : « Au revoir! au revoir! »

CHRONIQUE.

Avec le temps des périls revient l'heure des prières. Jamais les pensées ne reprennent mieux leur vol vers le ciel que lorsque de grands événements s'accomplissent sur la terre. L'espoir de l'homme cherche alors où se prendre, et le seul appui qu'il trouve est en Dieu. Les stations aux églises, tout le monde l'a remarqué, sont plus fréquentes depuis le commencement de la guerre : tant de mères, d'épouses, de sœurs sont inquiètes pour ceux qui sont partis! Où sont-ils ces chers absents? quand reviendront-ils? Si elles ne trouvent pas une réponse dans leur prière, elles y trouvent au moins une espérance.

Mardi dernier, de très-bon matin, une grande foule s'agitait aux alentours de l'église Saint-Laurent. A une pareille heure, que pouvait-il se passer? Rien que de très-simple et de très-édifiant. Le curé de la paroisse, qui compte parmi ses ouailles un grand nombre de fidèles très-fervents, avait annoncé, l'un de ces derniers dimanches, qu'il irait, avec son clergé et tous ceux qui voudraient bien le suivre, en pèlerinage à Notre-Dame de Chartres, afin d'y prier Dieu pour le succès de nos soldats. C'est à la population de l'un de nos faubourgs qu'il adressait sa pieuse invitation, et, bien que l'on s'imagine que le peuple de Paris est tout entier plongé dans l'impénitence, l'armée des pèlerins fut bientôt recrutée. L'agitation matinale de mardi dernier autour de Saint-Laurent était l'agitation du départ; deux mille personnes environ avaient répondu à l'appel de leur pasteur, et, quand il arriva, il n'eut plus qu'à dire, comme un général à ses soldats impatients : « Partons, mes enfants, partons ! »

Le voyage était à prix réduit, car si les trains de plaisir ont leurs priviléges, à plus forte raison les trains de piété. Lorsqu'on fut à quelque distance de Paris, pèlerins et pèlerines entonnèrent les saints cantiques, et l'immense convoi traversa au bruit de ces chants les plaines de la Beauce, où commencent à ondoyer les épis de la moisson nouvelle. Le chœur religieux sembla devenir plus unanime encore lorsqu'on eut vu poindre dans le lointain les clochers de Chartres, qui dominent de plus de cent-trente mètres cette campagne plane et unie comme une table. Nous sommes au temps des Rogations; le clergé de la cathédrale avait poussé jusqu'aux environs de la gare du chemin de fer sa procession matinale. Il y arriva en même temps que le convoi des pèlerins de Paris, qui, aussitôt, déployant leurs bannières, se joignirent à lui; si bien que la procession, qui ne comptait qu'un petit nombre de prêtres et de chantres lorsqu'elle était sortie de l'église, y rentra avec un innombrable cortége.

Je ne vous dirai pas les cérémonies qui furent faites, l'éloquente allocution prononcée par M. le curé de Saint-Laurent sous les voûtes sonores de l'immense cathédrale, les visites à la Sainte Vierge noire, aussi célèbre en France que l'est en Suisse celle d'Eiselden, les stations aux nombreuses chapelles de l'église et de la crypte, qui est une seconde cathédrale servant de sous-sol à la première; car, on l'a dit, Notre-Dame de Chartres est une basilique à double fond. Je ne vous conterai pas le déjeuner fait par les demoiselles de la Congrégation chez les dames de Saint-Paul : tout cela m'entraînerait beaucoup trop loin. Mon récit du pèlerinage serait plus long que le pèlerinage lui-même. Le soir, à six heures, tout le monde était de retour à Paris, et les jeunes filles de la Confrérie-Bleue-Céleste pouvaient y achever le dernier office du dernier jour du mois de Marie.

ÉDOUARD FOURNIER.

(Journal *la Patrie*.)

IMP. BÉNARD ET Cie, PASSAGE DU CAIRE, 2.

www.ingramcontent.com/pod-product-compliance
Lightning Source LLC
Chambersburg PA
CBHW060946050426
42453CB00009B/1143